Un día  l

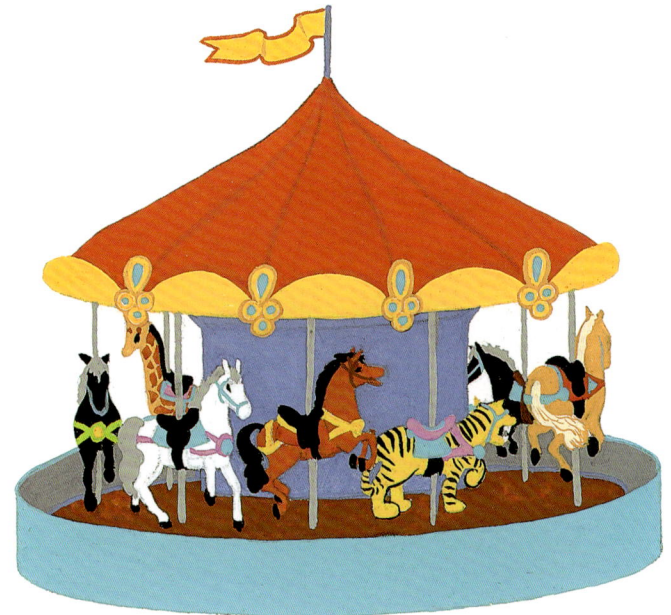

por Lesléa Newman

ilustrado por Loretta López

traducido por Esther Sarfatti

Bebop Books
An imprint of LEE & LOW BOOKS Inc.

¿Quién quiere subir?

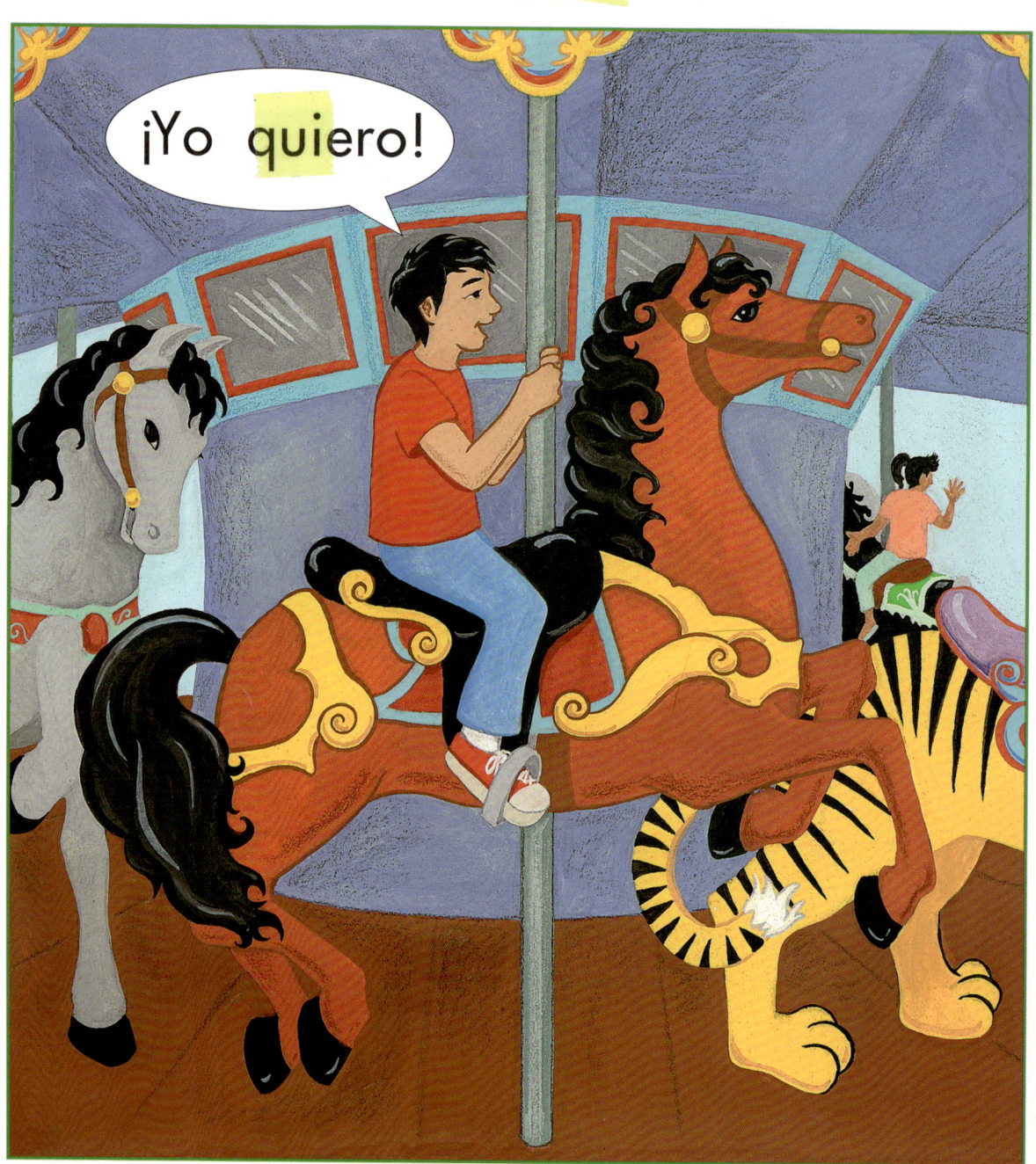

¿Quién quiere subir?

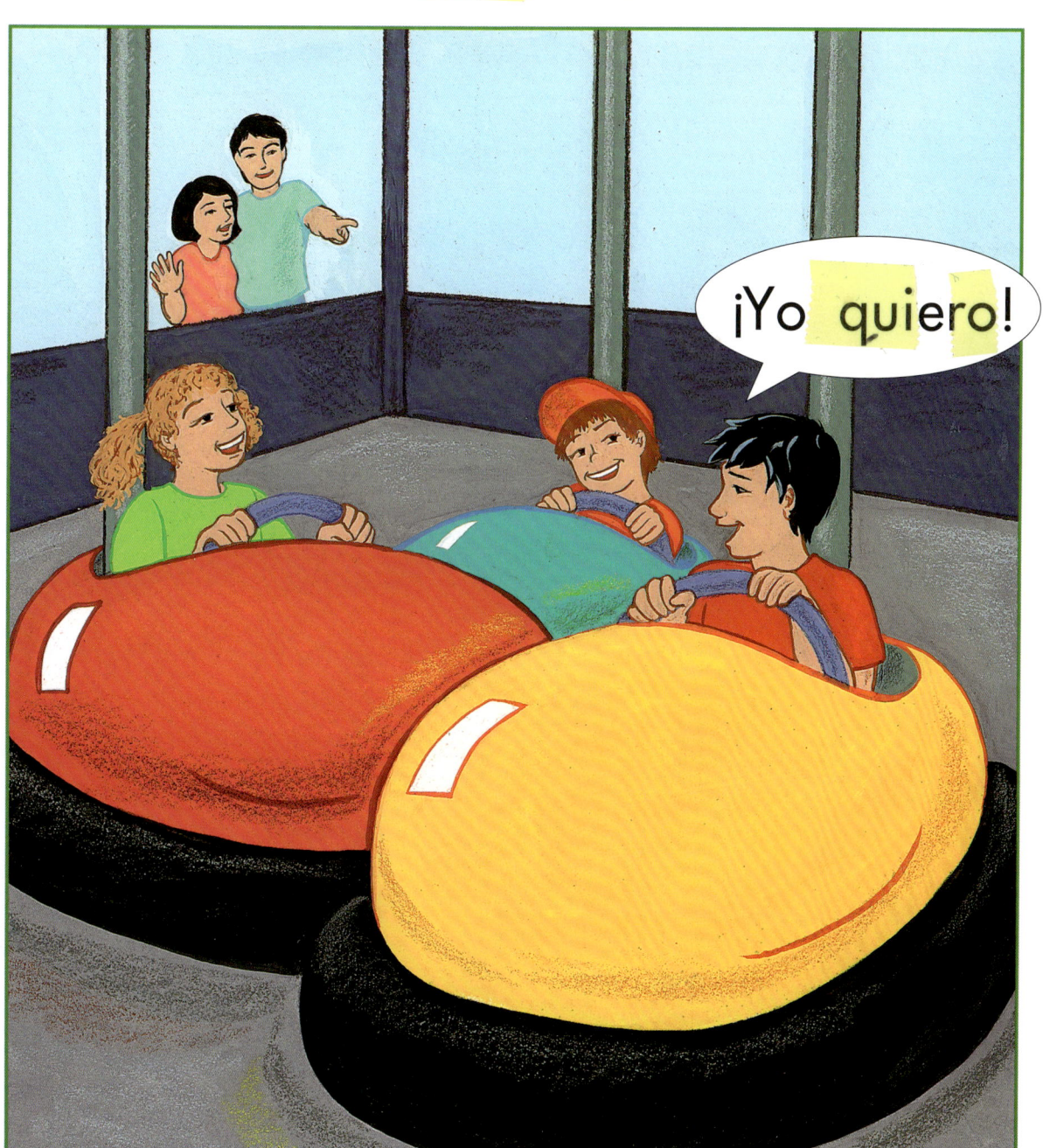

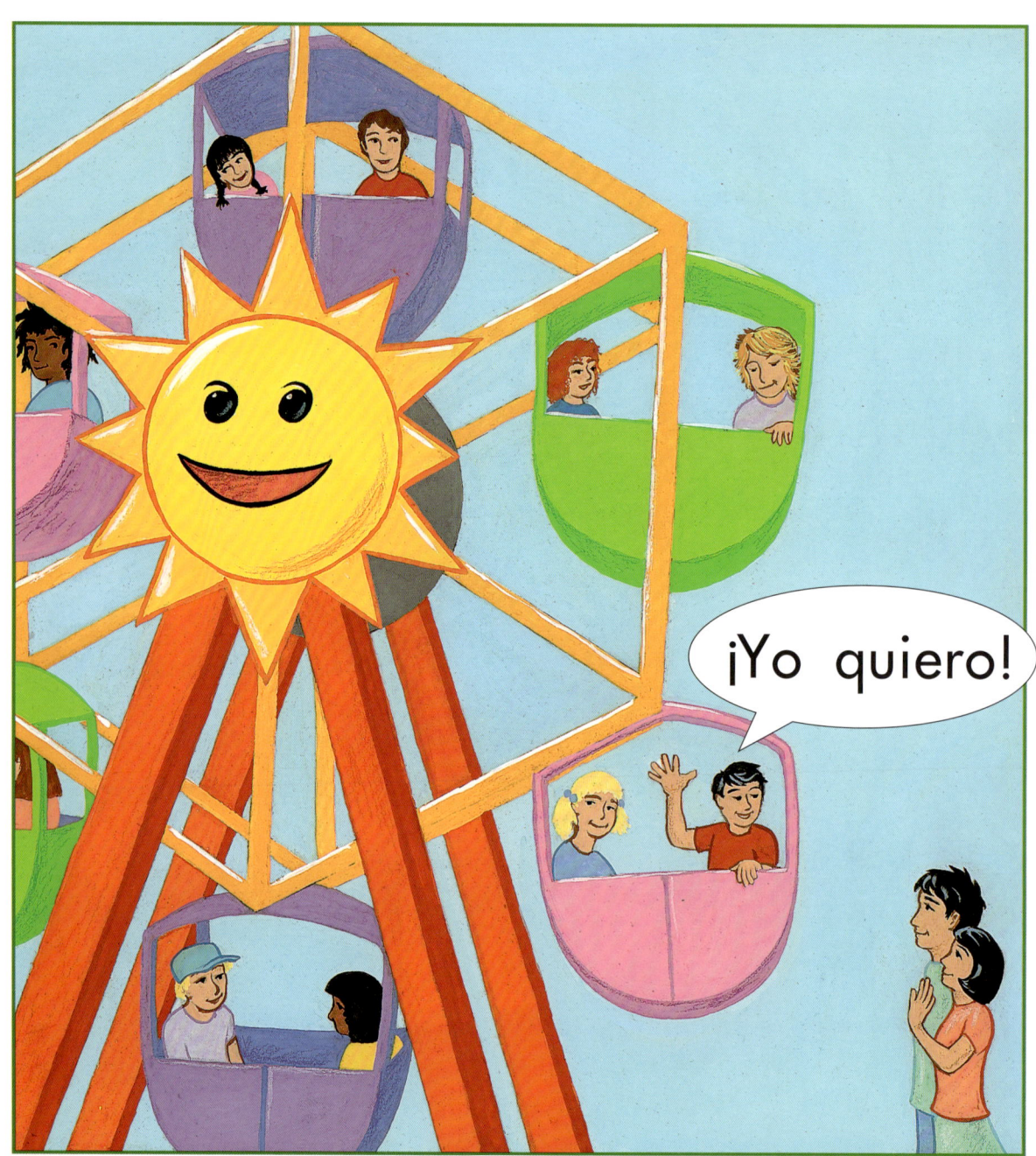

¿Quién quiere subir?

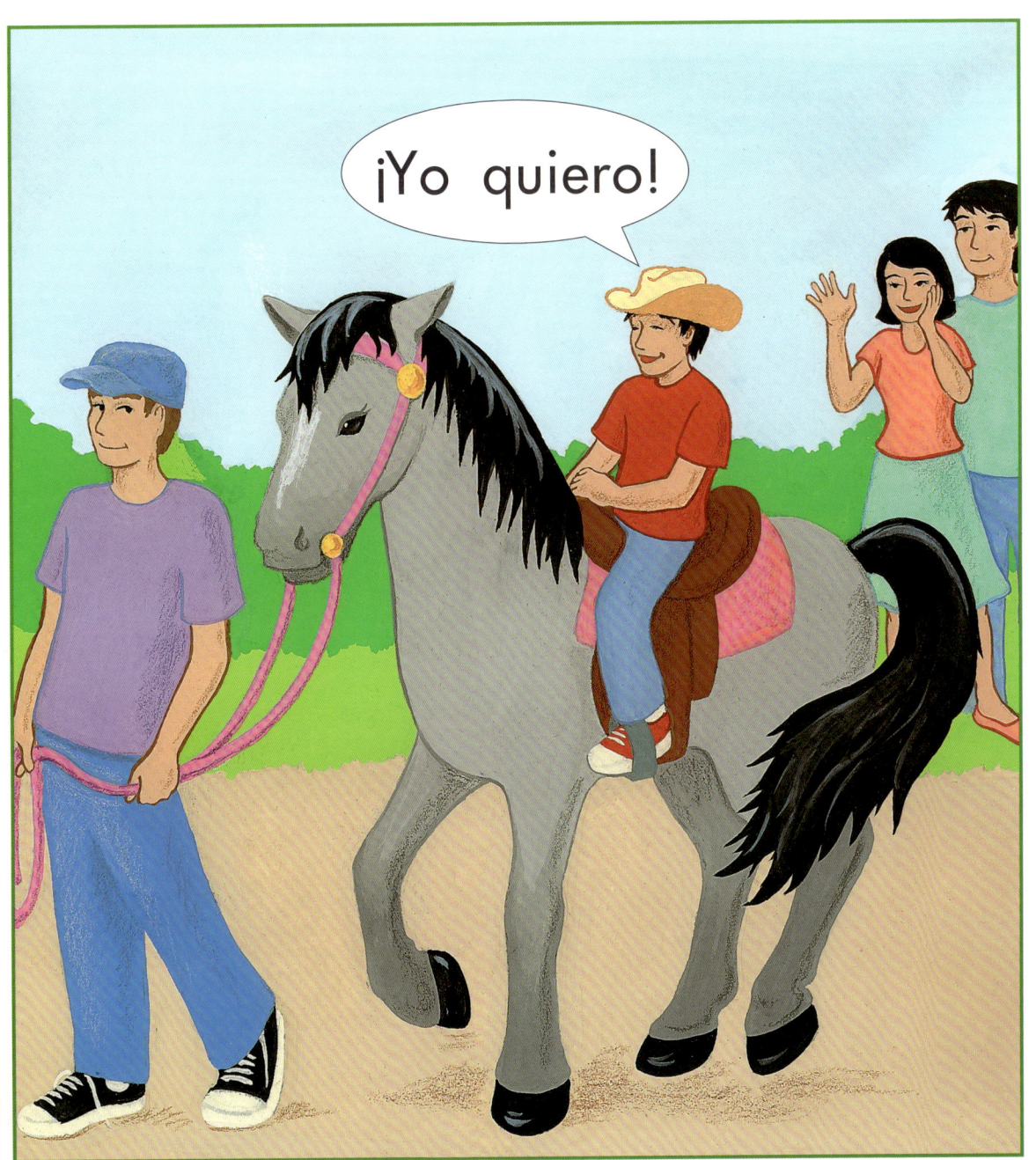

¿Quién quiere subir?

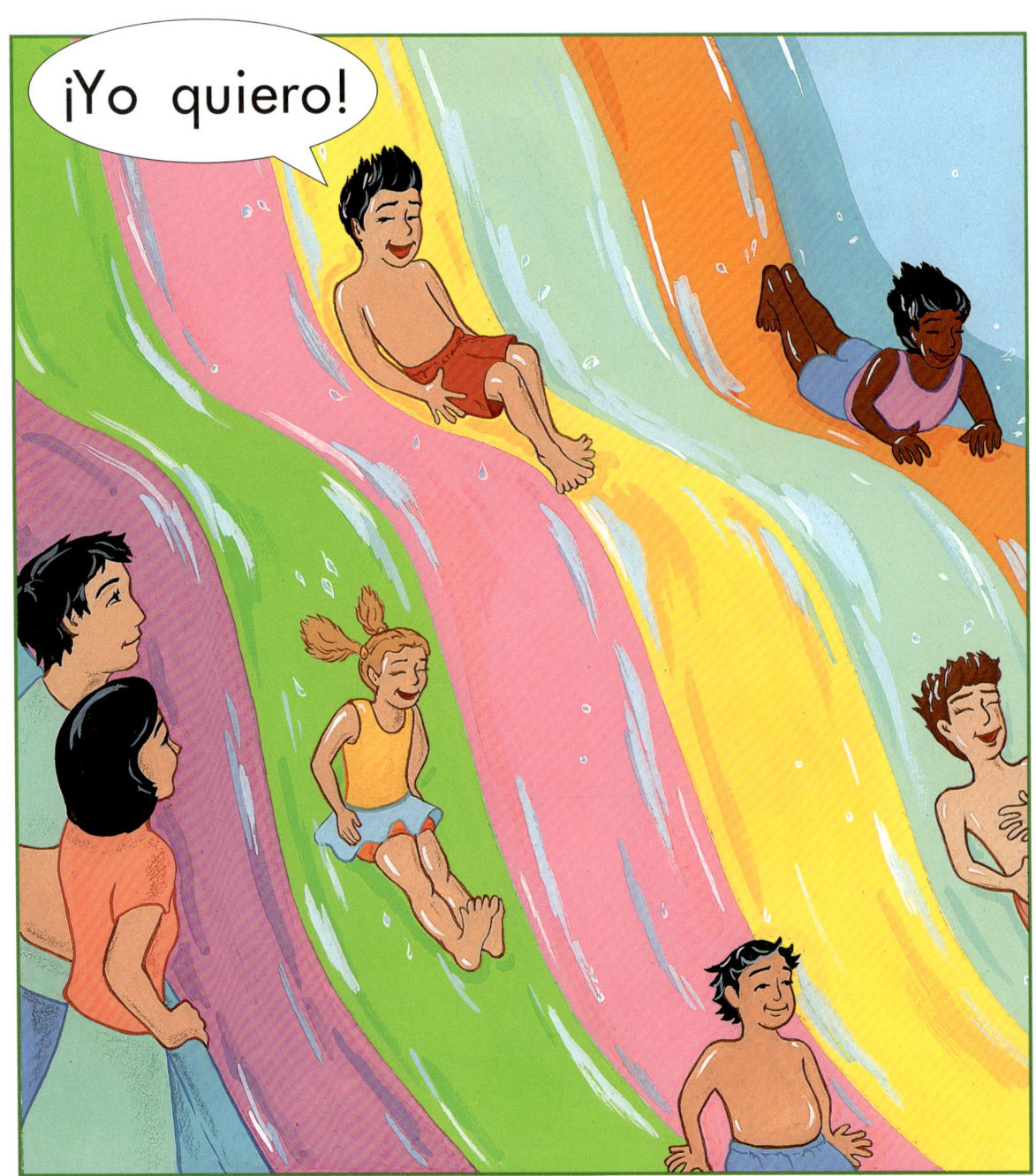

¿Quién quiere subir?

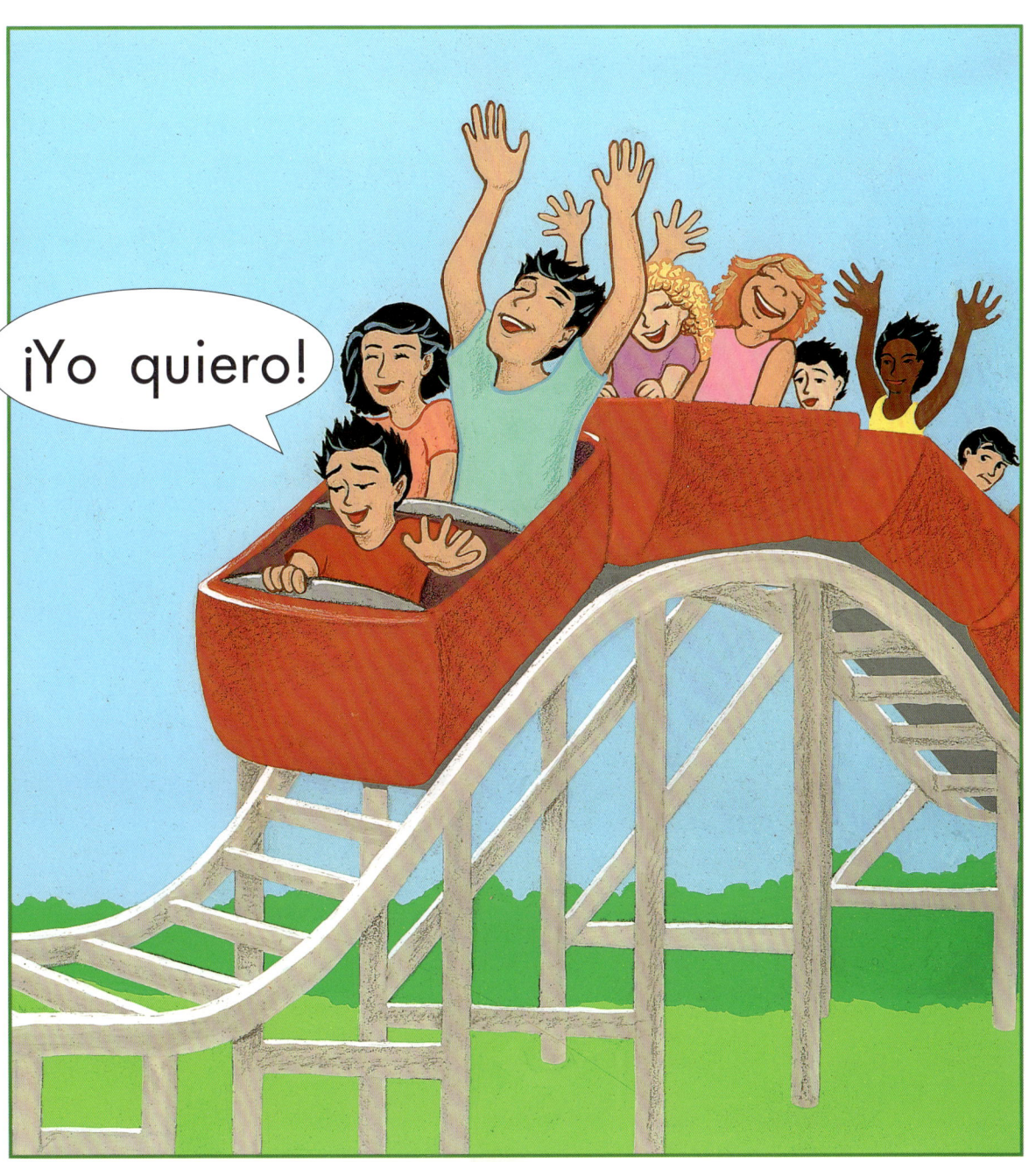

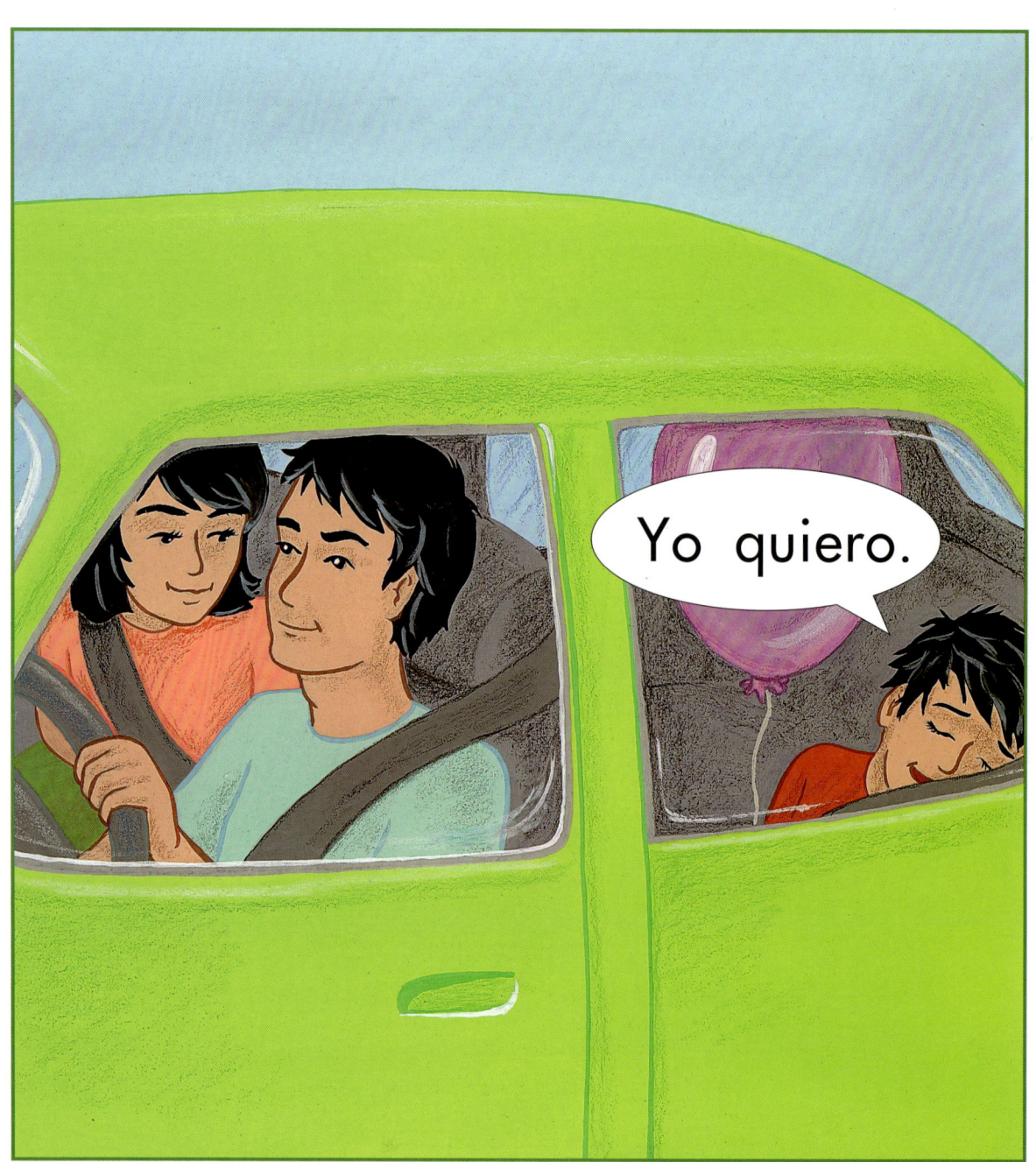